Absolument rien ne compte

FAUSTINE CROQUISON

Aux routes poussiéreuses, aux sabots des chevaux sauvages, aux yeux noirs...

Je reviendrai vous chercher.

Je ne peux plus te retenir
Je ne peux plus t'empêcher de partir

Alors je garde les images
Que personne ne peut voler

Et ton souvenir devient
Un trésor fantastique

Un matin
Tout avait changé

Ton odeur
La sensation de tes mains sur ma peau
Tes lèvres qui mille fois
Avaient parcouru mon corps
Me semblaient tout à coup étrangères

Inconfortables

Malgré toi, tu avais disparu
Perdu dans le décor

Un matin
Tout avait changé

J'avais enfin trouvé la clé
D'un monde qu'il me tardait d'explorer

Et dans lequel tu n'avais plus ta place

Le plus dur
N'est pas de partir

Le plus dur

C'est réaliser
Qu'on ne peut plus rester

A ton cou
Je me suis accrochée

Laissant aller mon corps
Que tu retenais entre tes bras

J'ai ignoré les chaînes
Qui me liaient à toi
Jusqu'à ce que la chair recouvre la corde

J'ai fait de toi le sauveur
Me crachant ton amour au visage
Un peu plus violemment chaque jour

J'ai fait de toi le remède
M'empoisonnant au ralenti

A mon cou
Tu t'es accroché

Et de tes bras
Je veux m'arracher

Mais tu serres, tu serres
Un peu plus
A chaque étreinte

Car c'est comme ça que tu aimes

Je renonce
A t'ouvrir mes bras
A te tendre la main

Je t'abandonne
A tes excuses inavouées

Je suis une tempête en sommeil

Alors viens
Attrape-moi par la taille

Serre mes hanches de tes mains fermes
Saisis-moi à la gorge

Je m'abandonne à toi

Emmène-moi ailleurs
Je ferme les yeux, je disparais

Je te laisse faire
A l'envers

Je perds le contrôle
De mon corps en déshonneur
Je t'en donne la jouissance exclusive

A ta disposition, je me jette
Dans tes bras qui m'étouffent

Laisse ces mains dont je ne veux pas
Prendre possession de moi
De ma pudeur et de mes choix

Laisse la tempête éclater
Semer le chaos dans ta vie

Je suis celle que tu siffles dans la rue
Celle que tu ne regardes pas dans les yeux

Celle à qui tu offres un verre
Dans un bar bruyant

Un verre d'ivresse
Pas de délicatesse

Je suis celle que tu appelles
Au milieu de la nuit
Quand le silence t'effraie

Celle que tu sers dans tes bras
Quand la chaleur humaine te manque

Celle dont tu ne connais rien

Je suis celle-là
Celle que tu n'aimeras jamais

Ne t'en fais pas,

Moi non plus, je ne t'aime pas

Je pourrais te dire
Que tout continue de briller

Mais je te mens déjà assez

Je t'aime
Un peu moins chaque jour

Tu ne manques plus à mon corps
Tu m'alourdis de ta présence

Et les souvenirs
Ne m'atteignent plus

J'aurais voulu t'aimer

Et toi
Si tu m'aimais encore une fois

Une fois de trop

Si je reste, je t'abandonne
Si je reste, je m'oublie

J'ai vécu
Pour toi

Je nous ai enfermés
Dans un confort embarrassant

C'était toi la raison
La vie dans tout

Sans toi
Je suis ma propre étrangère

Une enfant perdue
Sans empreinte

Je ne connais
Que celle qui peut te plaire

Je pars
A ma rencontre

Laisse-moi partir
Je reviendrai

Laisse-moi partir

A la seconde où
J'ai commencé à me voir

A travers tes yeux
Au lieu des miens

C'est là,
Que j'aurais dû partir

Je me demande si tu savais
Que ta présence m'était nuisible

Je me demande si tu avais
Un peu de peine
Ou du mépris peut-être

Ma peau en pièce
Et moi toute affolée
A ton approche

Les yeux qui te fuient
Les nœuds au ventre
Le pouls qui explose

Et moi qui pense
C'est bien ça, l'amour
C'est bien beau, le chagrin

Tout en moi qui s'oppose à toi

Excepté le cœur
Tout entier à ta merci

Et qui à chaque pulsation
Évince ma raison

Qu'allons-nous faire ensuite ?

Quand tous les verres seront vides
Quand tous les mots auront été dits
Et qu'il faudra combler l'absence à nouveau

Qu'allons-nous faire de nous ?

Si je pouvais juste une seconde
Stopper le temps, mettre sur pause

Je viendrais te chercher là où tu es

Je t'emmènerais avec moi, de l'autre côté
Là où tout est ce qu'il doit être

Je t'aiderai à guérir
A réparer
A recoudre

Mais je ne peux pas t'empêcher
D'appuyer sur les plaies

A bout de souffle
Je m'accroche

A bout de force
Je lutte encore

Un peu plus
Je m'épuise

Un peu plus
Je lâche prise

Je tombe au ralenti
Vers le fond
Sans combattre

Je coule
Lentement, je chavire
Bercée, comme une enfant
Par l'eau qui me submerge

J'ai accepté le risque
J'ai appris à me noyer
Sous la surface
Je respire à nouveau

Le reflet
Petit à petit
Devient plus net

Un jour à la fois
J'apprends

Et qui sait
Peut-être finirais-je
Par aimer cet autre
Qui en silence m'observe

J'ai compris
Ça n'est pas le bon moment

Mais j'attendrai

Et quand viendra le bon moment
Je serai là

Je te pardonne
De n'avoir pas su comprendre
Pas voulu comprendre
Que tout ce temps, j'attendais

Je te pardonne
D'avoir fait semblant de ne pas voir
Quand j'étais là, juste devant toi
Rien que moi, et le vide autour
Rien que moi

Je te pardonne
D'avoir continué d'avancer
Quand à chaque pas je tombais
D'avoir continué d'avancer
Malgré ma main tendue

Je te pardonne
D'avoir gardé le silence
Quand vraiment tout en moi criait

D'être resté de marbre
Face au chaos

Je te pardonne
D'avoir pensé que je ne méritais pas mieux

D'avoir donné à tout
Sauf à moi
Plus de valeur
Qu'à moi

Je te pardonne
De n'avoir pas osé
D'avoir renoncé
A agir, à élever la voix
A prendre soin de moi

Je te pardonne

Toujours, jusqu'à la fin

Dans chaque reflet, tu me fais face
Dans chaque pensée, tu t'immisces

A chaque battement de cœur
Tu me rappelles
Que tu es là, que tu es
Moi

Si tu ne peux pas
Je le ferais pour toi

Je te pardonne
Je me pardonne

J'ai couru si longtemps
Que j'en ai oublié
Ce que je fuyais

Au sommet du monde
Le coeur en alerte

Elle nous appelle
La rive d'en face

Mais les racines téméraires
Nous retiennent aux vieilles idées

Le manque est là
Puis se dissout

La paume sur l'oeil qui se plaque
Le bonheur en simulation

Qui vient nous conforter

Mettre un voile
Sur ces chagrins étouffés

Jusqu'à ce que la rive disparaisse
Ne laissant qu'une empreinte furtive
Dans le décor embrumé

Mais l'on ne peut ignorer
L'appel du large

A l'horizon, une lueur paraît
Doucement, elle attise celle du cœur
Embrase l'esprit d'un feu ardent
Que seule une quête sans relâche
Pourra calmer

Voilà le sort des éclairés

On se répète plus tard
Et plus tard est là

Alors on oublie
la promesse faite

On blâme le monde

Pour le temps qui passe
et ne change pas

Faire.Penser.Apprendre.
Lutter.Aimer.Jouer.Dissi
muler.Prétendre.Haïr.Di
re.Tromper.Parler.Mim
er.Imiter.Voir.Cacher.D
écouvrir.Comprendre.S
auver.Tuer.Abandonner
.Résister.Vouloir.Savoir

Être

Humain

Allez
Prends-la ta ligne
Ta ligne blanche
Ta ligne droite

Toute tracée
Qui t'emporte loin, à toute vitesse
Vers toujours plus de rien

C'est la caresse du diable

Tu t'égards pourtant
Sans dévier
Tu divagues

Et pendant ce temps
Moi, le monde m'attend

Je prends tes limites et tes leçons
Et j'en pave mon chemin

J'irai moins vite
Ô mais comme j'irai loin

Ca me fatigue
Cette course insensée
Vers l'ideal

Et si toutes nos ombres
Restaient accrochées
Parce qu'elles n'ont nulle part où aller

Elles nous imitent en silence
Espérant peut-être
Qu'on ne les ignore plus

Elles attendent la nuit
Pour reprendre leur place
A l'intérieur

Quand tous les rôles ont été joués

Dans le noir
Elles se fondent à la menteuse

L'une dans l'autre
Prisonnières

Puis la lumière revenue
Retombent à nos pieds

Eternelles et résignées

Le choc est inévitable
La collision sera brutale

Mais la chute
La chute, c'est tout ce qui compte

Peut-être que c'est ça
Le secret

Attendre
Sans jugement
Sans impatience
Sans retenue

Attendre
Tout en laissant venir
Ce qui se cache dans l'ombre
Sans essayer de le comprendre

Attendre
Que la bête se déchaine
Qu'elle nous brise en profondeur
Qu'elle nous mutile l'âme

Attendre
Sans la retenir
Jusqu'à ce qu'elle s'épuise et nous dise

« Il est temps »

Quand le silence s'installe
Il apporte avec lui
Le véritable vacarme

Assourdissante sagesse
Mettant à nu
Celui qui veut la fuir

Un jour ou l'autre
Tu finiras par comprendre

Tes doutes deviendront évidences
Et tes certitudes voleront en éclat

Je veux de longs discours
jusqu'au petit matin

Je veux des cœurs en miette
Je veux des verres cassés
Je veux des yeux rougis de larmes
Je veux les cris, les pleurs

Je veux des promesses en l'air
et des mots d'amour

D'adieu

Je veux ta voix rassurante
Je veux t'entendre rire
Je veux te voir rougir
Je veux ta main qui me frôle
Je veux te perdre en moi

Je veux changer d'avis
Je veux ne pas choisir

Je ne veux que toi
Ou lui, ou elle

Je veux être ton choix multiple

Ton choix unique

Je t'aimerai jusqu'au lever du jour
Je t'aimerai avec tout ce que j'ai
Une nuit, un an, une éternité

Une seconde à peine

J'oublierai ton nom
Parfois, jamais
Je le murmurerai, chaque nuit
A l'oreille d'un autre

Je t'emmènerai partout, toujours
Je te graverai à l'encre délébile
Sur mon cœur impermanent

Je te repousserai, loin de moi
Dans mes bras

Je perdrai pied, je me noierai
Dans tes yeux, et les siens

J'aurai peur de la chute, de l'absence
Du vide que tu laisses
De la place que tu prends

Je t'aimerai toi et j'en aimerai d'autres
Avant toi, pendant toi

Avec toi

Ou pas

A quel moment j'ai su ?

Quand ta simple présence
Suffisait à calmer mes tourments

Tandis qu'un seul de tes mots
Pouvait réveiller mon âme endormie

Je pourrais fuir au bout de la Terre
Ta voix continuera de résonner
Comme un écho
Qui me rappelle à toi

Juste quand j'avais tout sous contrôle
Tu es arrivé

Et tu as fait entrer la lumière
Dans des endroits que j'avais oubliés

Avant toi
Il y avait le doute, la crainte
Il y avait les murs

Entre le monde et l'intérieur
Une cloison rassurante

Tu as osé un regard
Tu as vu ce que les yeux ignorent

Tu m'as désarmé

De tes bras, tu m'as enveloppé
De chaleur et d'amour

Tu as guéri les erreurs
Dans l'ombre, tu m'as guidé

Tu as fait naître l'étincelle
Patiemment, tu as attisé la flamme

Juste à temps
Tu es parti

Tu m'as laissé l'étincelle
Qui parfois s'embrase

Me consume

Mais jamais ne s'éteint

Avant de m'aimer
Sois sûr de toi

Avant de m'aimer
Nettoie ton cœur
De tes anciennes promesses

Avant de m'aimer
N'oublie pas
Celles qui ont été là
Avant moi, dans tes bras

Avant de m'aimer
Préserve-moi
Des guerres que tu mènes

Avant de m'aimer
Comble les brèches
Fais-nous la place

Avant de m'aimer
Rappelle-toi

Peu m'importe que tu m'aimes

Tant que le frisson me traverse

Peu m'importe

Cette nuit-là
Il m'a sauvé

Dans un murmure
J'ai perdu pieds
Au fond de ses yeux noirs
Qui abritaient 1000 vies

Le regard pénétrant
Profond comme l'éternité
M'a mis à nue
Sans un geste

J'ai cherché en lui
Les secrets

J'ai oublié

Cette nuit-là
J'ai existé

Dans ses bras
J'ai retrouvé
Celle que j'avais été

Lancée à toute allure
Sur un cheval sauvage

Au rythme de son souffle
Je me suis laissée porter

Loin, au bout de la Terre
Sans crainte

J'ai regardé en arrière

Il est parti

Indomptable animal
Venu de l'ombre

Cette nuit-là
Mes lèvres ont exploré

Les marques de son histoire
Sur sa poitrine en lettres noires

Si tu veux me voir
Ferme les yeux

A la minute
Où je t'ai rencontré
Je faisais déjà partie du passé

Mais cette minute suspendue
Valait toutes les attentes

Absolument rien ne compte
Si ce n'est tout le reste

Depuis toujours
Ils sont là
Pour toujours
Ils resteront

Enracinés
Sur la Terre qui nous a vu
Grandir,Aimer,Partir,Attendre,Revenir
Enracinés
Au fond de mon cœur

Je leur rappelle
L'histoire que je n'ai pas connue
Et à travers eux, j'apprends la mienne
Celle qu'il me manque

Elle
Qui me manque

Sans prévenir, elle te happe
Au creux des reins, elle te prend
Violemment elle s'immisce en toi

La furieuse envie de vivre

Demande-moi pourquoi mes yeux brillent
Pourquoi je parle trop vite

Demande-moi à quoi je pense
Quand je fixe l'horizon

Demande-moi ce qui me fait vibrer
Ce qui me fascine

Je te répondrais que c'est ça
Qui m'anime

Les bruissements du cœur
L'échauffement de l'esprit
L'alliance improbable
De deux âmes qui se frôlent

Parle-moi du ciel, de la mer, de tes rêves
De cette marque sur ta peau
De tes yeux qui brillent à toi aussi

Parlons, parlons
Si longtemps
Que les mots finiront par se perdre
Dans l'air du matin

Emmène-moi voir le lever du jour
Respire avec moi
Puis laisse-moi tomber de sommeil

Laisse-moi m'évanouir
Avec la douce satisfaction
D'avoir vécu l'un de ces moments

Précieux trésor
Qui manque cruellement

A nos vies assomantes

A mesure que le temps file
Les souvenirs se confondent et s'éteignent

D'autres restent
Faisant de nous ce que nous sommes

Solidement accrochés à la mémoire

Ils rendent les peurs
Un peu plus grandes

Le chagrin
Un peu plus violent

Le cœur
Un peu plus fort

Observer
Tout près d'eux

Se nourrir
De leur désinvolture

Sentir le poids qui s'évapore
Et la vie qui entre

Qu'ils sont beaux
Qu'ils sont précieux

En silence
Je les observe
La gorge serrée

S'ils savaient
S'ils savaient

Que leur folie me transporte

Qu'ils éclairent mon ciel
d'un million d'étoiles

Je fixe les cieux
Je vous grave
Au fond de ma rétine

Je vous emporte avec moi

Et je vous fais la promesse
De ne jamais oublier

L'insouciance de ces années
Qui plus que tout
Me réchauffent le cœur

Trouver la paix
Au milieu du chaos

Réussir à aimer
Ce qu'il y a de plus méprisable

Garder espoir
Face à l'accablement

C'est là toute la beauté
De la nature humaine

C'est peut-être bien pour ceux-là
Que le soleil se lève

Pour ceux qui ne sommeillent qu'en rêve
Pour ceux qui ne trouvent le repos
Que dans l'éclat du matin

A l'aube
Tout sera différent

Alors, de la nuit
Je m'imprègne

Pour qu'au réveil
L'ivresse demeure

Là où l'ombre n'a plus sa place
Où tout n'est que lumière
Chaleur et ravissement

Enfants terribles
Défiant la nuit

Nous ne le savons pas encore
Mais nous sommes au milieu

De nos plus beaux souvenirs

Remerciements

Merci à ma famille, à mes amis pour leur amour inconditionnel.

Merci à ceux qui m'ont aimée un temps seulement.

Merci à celui qui m'a donné envie d'aimer à nouveau, sans peur et sans limite.

A l'amour,

Aux liens qui se font et défont.

Pour aller plus loin...

Mes autres publications :

A la vitesse des petites choses, 2019
Journal d'une rupture inavouée, 2022

Pour découvrir l'ensemble de mon travail, rendez-vous sur mon site *faustinecroquison.com*

Votre soutien et votre intérêt sont un précieux cadeau que vous me faites.

J'espère que mes mots sauront trouver le chemin de votre coeur.

A bientôt, pour une nouvelle histoire...

faustine

© 2018, Faustine Croquison
Edition : BoD - Books on Demand,
12/14 rond-Point des Champs-Elysées, 75008 Paris
Impression : BoD - Books on Demand,
Norderstedt, Allemagne
ISBN : 9782322171590
Dépôt légal : avril 2019